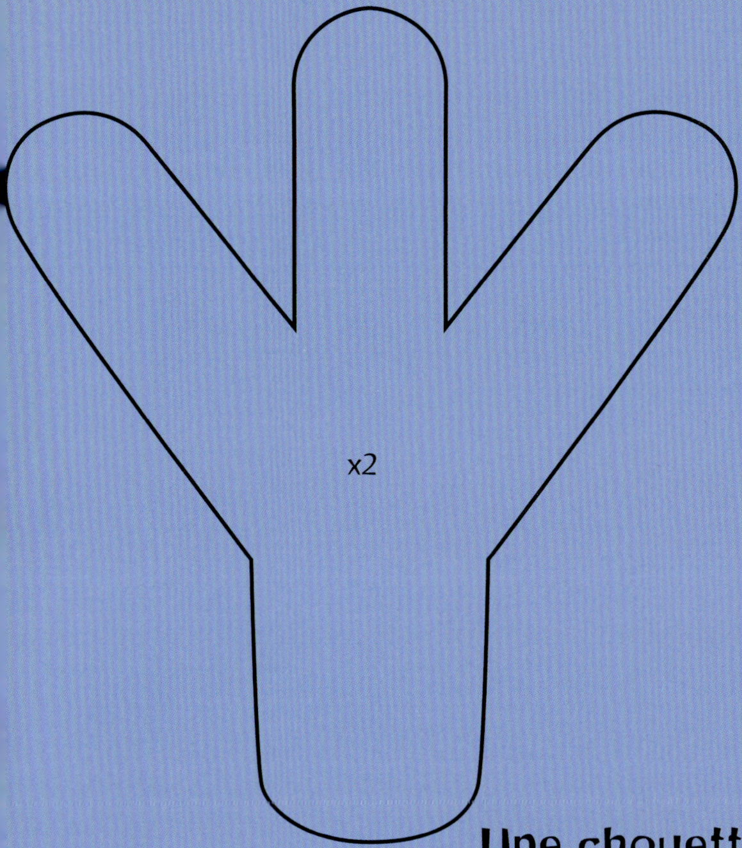

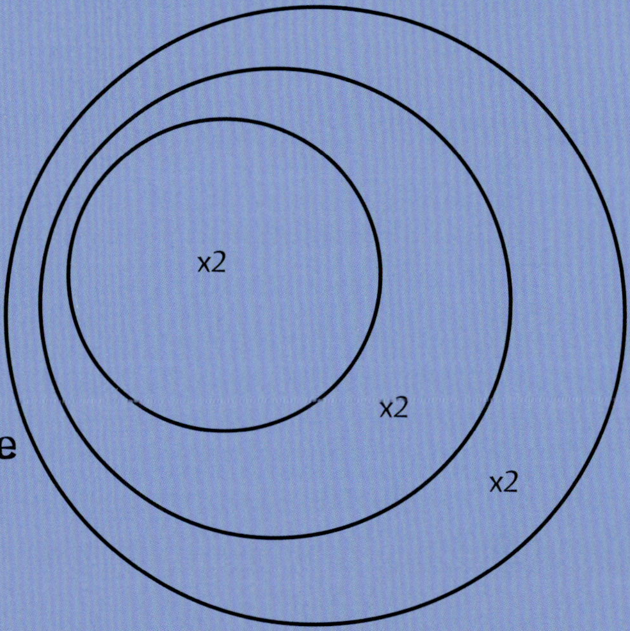

Une chouette lampe

pages 18-19

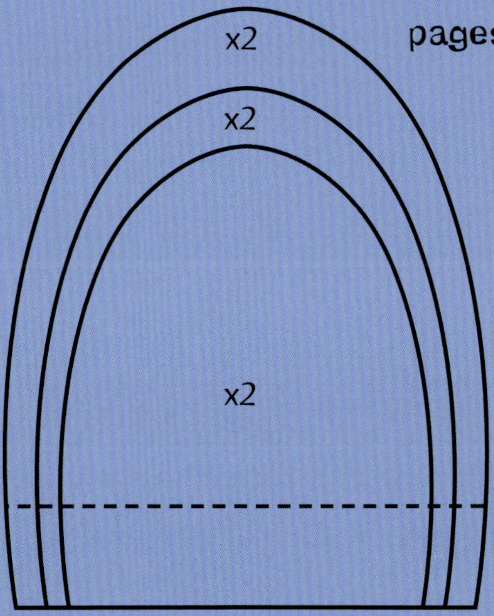

Famille tortue

pages 26-27

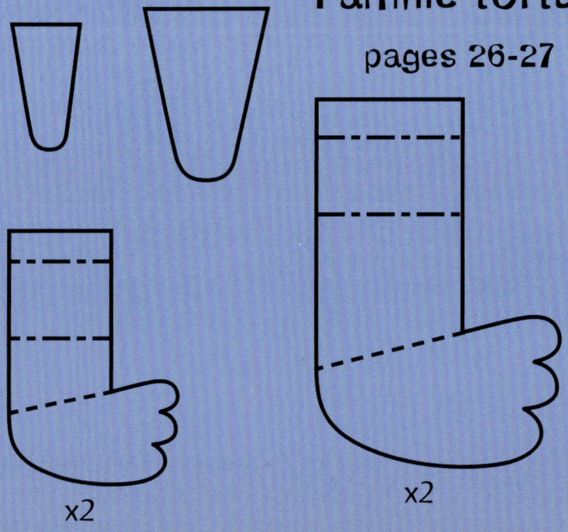

Direction éditoriale : Christophe Savouré
Édition : Christine Hooghe
Direction de création : Laurent Quellet
Direction artistique : Isabelle Mayer
Conception et réalisation graphique : Claude Poirier
Photographies : Olivier d'Huissier
Illustrations : Christophe Boncens
Fabrication : Catherine Maestrati

Dépôt légal : janvier 2009
Photogravure : Alliage
Imprimé en Belgique par Proost
ISBN : 978-2-215-09125-7
2e édition – n° P13060 – mars 2013

Loi n°49-956 du 16 juillet 1949 sur les publications destinées à la jeunesse.

LES PETITS CRÉATEURS

Animaux rigolos

Denis Cauquetoux

À mon grand-père, en souvenir
de ses fabuleux animaux en papier.

FLEURUS
www.fleuruseditions.com

Les secrets pour tout réussir

Matériel

Vive la récup ! Garde des rouleaux en carton (tubes pour posters, rouleaux de papier cadeau et de papier-toilette), du carton d'emballage, la cartonnette des paquets de céréales.

Procure-toi du papier : papier machine ou plus épais (blanc et de couleur), papier cadeau, origami, crépon, récupéré.

Autre matériel

Il te faudra quelques éléments supplémentaires très simples : bouchons en liège, attaches parisiennes, boules de cotillon, bâtonnets de bois...
Pour certaines réalisations, tu auras besoin de morceaux de tourillon, achetés en magasin de bricolage. Si tu ne peux pas t'en procurer, tu peux les remplacer par des bâtons bien droits.

La colle

Utilise de la colle gel sans solvant : elle colle bien tous les matériaux de récupération, le carton, le papier...

La peinture

Protège le plan de travail.
Utilise de préférence de la peinture acrylique, plus couvrante que la gouache.
Pour unifier le carton, tu peux commencer par une couche de blanc.
Laisse bien sécher entre chaque couleur ou chaque couche.
Nettoie tes pinceaux à l'eau tiède et au savon.

Comment reporter un patron

Tu trouveras les patrons au début et à la fin du livre. Par transparence, reporte-les sur du papier-calque ou du papier blanc très fin.

Découpe le patron et pose-le sur le support choisi. Trace le contour à l'aide d'un crayon à papier. Découpe ensuite la forme.

Sois astucieux !

Essaie de ne pas gâcher de papier ! Découpe toujours au bord de la feuille et utilise des chutes pour les petits éléments.

En t'inspirant des photographies et des patrons du livre, n'hésite pas à dessiner tes propres modèles !

Pour le carton épais ou les rouleaux trop durs, demande à un adulte d'utiliser un cutter.

Pliages

Pour le papier épais, marque d'abord le pli. Utilise la pointe d'une lame de ciseaux et une règle si nécessaire.

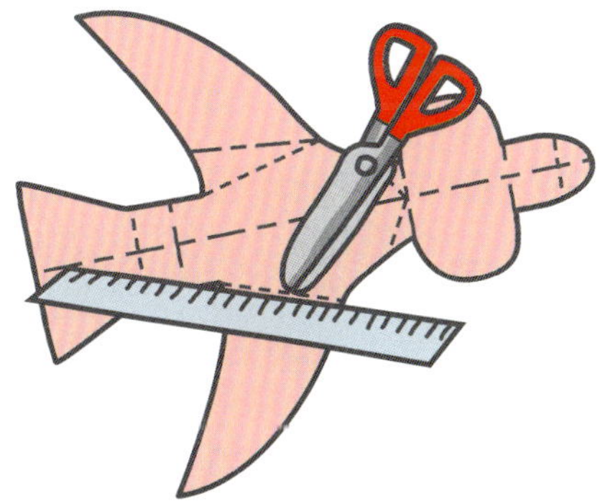

Si tu bricoles souvent, procure-toi un plioir. C'est un petit outil vendu dans les magasins de loisirs créatifs et parfois au rayon des fournitures scolaires.

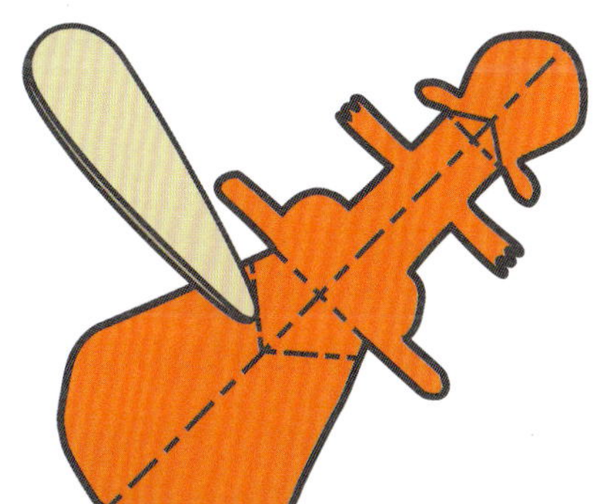

Grenouilles coassant

Matériel • ***rouleau de papier-toilette • cartonnette • papier blanc • petits cailloux • 2 boules de cotillon • colle • peinture • pinceau • ciseaux • feutre marron • règle • crayon •***

1

Dans le rouleau, découpe deux hauteurs de 2 et 4 cm. Sur la cartonnette, dessine trois ronds en suivant leur contour. Ajoute des pattes sur l'un d'eux. Découpe.

2

Colle les ronds de chaque côté du petit tube en glissant quelques cailloux. Colle l'autre tube entre les pattes.

3

Découpe deux bandes de papier de 4 x 1 cm. Colles-en une en guise de charnière. Découpe aussi une languette de cartonnette de 1 x 10 cm.

4

Peins la grenouille en commençant par l'intérieur. Peins aussi la bande de papier et l'extrémité de la languette en vert.

5

Colle l'extrémité de la languette sur la tête en l'alignant avec la charnière. Replie la languette. Colle la bande à cheval. Dessine des pupilles sur les boules de cotillon, puis colle-les.

Actionne délicatement la languette pour faire claquer la bouche et bouger les cailloux. Fabrique une grenouille pour chacun de tes amis. Ensemble, vous pourrez donner un véritable concert de coassements !

Picoti et picota

Matériel ***• 3 bouchons de liège • carton fin • 4 petites attaches parisiennes • peinture • pinceaux (épais et fin) • colle • ciseaux • crayon • règle • cutter (adulte) • feutre noir •***

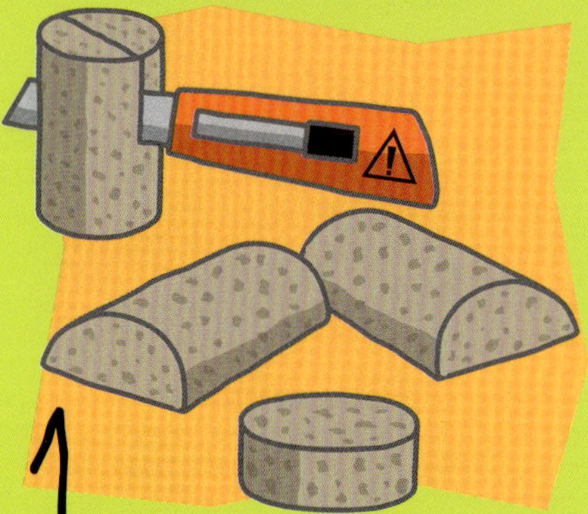

1

Demande à un adulte de découper au cutter deux bouchons dans le sens de la hauteur et une rondelle de 1 cm dans le dernier.

2

Découpe des bandes de carton : 2 de 1 x 18 cm et 2 de 1 x 12 cm. Découpe aussi 2 queues, 2 crêtes et 2 becs.

3

Colle l'extrémité d'une des petites bandes, la crête, la queue et le bec de chaque poule en les emprisonnant entre deux moitiés de bouchon.

4

Croise les bandes et perce des trous comme sur le dessin. Fixe des attaches parisiennes dans les trous.

5

Réalise la mangeoire en superposant un rond et un anneau de carton sur la rondelle de bouchon. Colle-la sur la bande supérieure. Laisse bien sécher, puis peins sans ajouter trop d'eau pour ne pas décoller les éléments. Dessine les détails au feutre.

**Tire les barrières
à droite et à gauche.
Les poules picotent
à tour de rôle !**

Papillons… volent !

Matériel • ***papier épais de couleur • papier fin uni ou fantaisie (papier machine de couleur, découpé dans des magazines, cadeau, origami…) • bâtonnets plats • ciseaux • colle • règle • crayon •***

Les patrons se trouvent au début du livre.

1

Plie une feuille et reporte le patron en le plaçant bien sur la pliure. Découpe-le. Dans la hauteur d'une feuille A4, tu peux placer trois papillons.

2

Fais une petite découpe de la largeur d'un bâtonnet à l'endroit indiqué sur le patron. Plie les ailes.

3

Découpe une bande de 2 x 12 cm dans le même papier. Plie-la en deux. Fais une petite découpe comme la première. Plie chaque extrémité à 1 cm.

4

Encolle le corps du papillon et glisse le bâtonnet dans la découpe. Laisse sécher en posant un poids.

5

Glisse le bâtonnet dans la découpe de la bande. Colle les extrémités pliées sous les ailes. Colle des motifs découpés dans du papier fantaisie et ajoute deux grandes antennes à la tête.

**Actionne la bande
de bas en haut le long du bâtonnet :
ton papillon vole !**

Écureuils artistes

Matériel • ***gros tube en carton avec bouchon • morceau de tube fin en carton •***
• papier de différentes couleurs • crayon • ciseaux • colle • feutre • règle • cutter (adulte) •

Le patron des écureuils se trouve au début du livre.

1

Plie une feuille en deux, reporte le patron en le plaçant bien sur la pliure. Découpe le contour et fais des franges au bout de la queue. Déplie.

2

Marque les plis du patron avec la pointe d'une paire de ciseaux. Replie la queue vers le dos et la tête vers le devant du corps.

3

Découpe des yeux et un museau. Colle-les et dessine au feutre une bouche et des poils de moustache.

4

Demande à un adulte de découper au cutter environ 12 cm dans le gros tube et 4 cm en biais dans le petit tube. Colle le bouchon du gros tube.

5

Découpe deux bandes de papier marron aux dimensions des deux tubes et une petite rondelle du diamètre du petit. Dessine les nervures du bois au feutre. Colle les bandes sur les tubes, puis le petit tube sur le grand. Colle la rondelle au bout de la branche, puis les écureuils sur le tronc.

Pour une finition parfaite, peins l'intérieur du gros tube en marron avant de le recouvrir avec le papier.

Chevaux de course

Matériel *• petit carton (litière pour chat, lessive…) • chute de carton épais • • tourillon de 8 mm de diamètre • tube fin en carton • 3 m de ficelle par cheval • crayon • • peinture • pinceaux • papier de différentes couleurs • ciseaux • colle • cutter (adulte) •*

1

Prépare un patron de la forme du cheval en t'inspirant du dessin : il doit être aussi large que la boîte et de 11 cm de haut. Reporte-le sur chaque face.

2

Sur le carton épais, dessine 4 roues à l'aide d'un verre. Sur le reste de la boîte, trace 2 yeux avec une pièce de monnaie, dessine 2 oreilles et 4 bandes de 15 cm.

3

Demande à un adulte de t'aider à découper les éléments, ainsi que 2 morceaux de tourillon 4 cm plus larges que la boîte. Peins l'ensemble.

4

Avec l'aide de l'adulte, fais un trou dans chaque patte et glisses-y les tourillons. Colle les roues avec les bandes, puis les oreilles et les yeux.

5

Dans le papier, découpe les naseaux, l'iris et la pupille des yeux, la crinière et la queue. Colle-les en place. Fais un trou à l'avant du cheval. Glisse l'extrémité de la ficelle et fais un nœud. Attache l'autre extrémité à un morceau de tube en carton.

Chaque joueur place son cheval derrière la ligne de départ, déroule la ficelle et la tend. Au signal, les joueurs rembobinent leur ficelle le plus vite possible. Pas de triche : les ficelles doivent être de même longueur !

Une chouette lampe

Matériel ***• boule japonaise de couleur • papier crépon : 3 couleurs en camaïeu • papier de différentes couleurs • colle • crayon • ciseaux • règle •***

Les patrons se trouvent au début du livre.

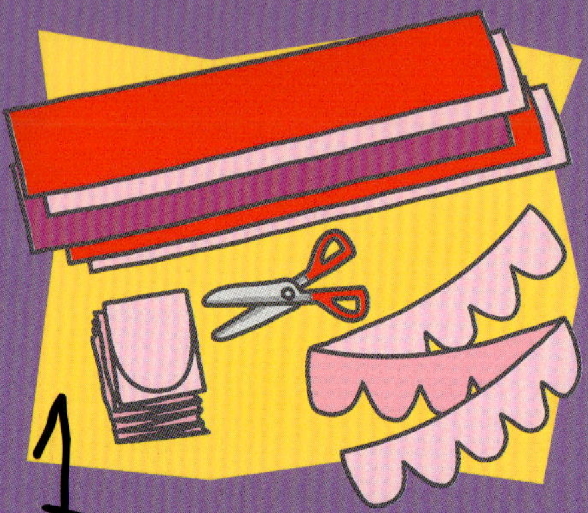

1

Coupe de grandes bandes de papier crépon d'environ 8 cm de large. Replie chaque bande en accordéon et découpe un arrondi sans aller jusqu'en haut.

2

Colle les bandes sur la boule en commençant par le bas. Décale les bandes les unes par rapport aux autres en alternant les couleurs.

3

À l'aide des patrons, découpe 3 ronds pour chaque œil, 3 formes pour chaque toupet puis les pattes et le bec.

4

Superpose les formes des toupets en collant leur base. Laisse sécher. Découpe des franges dans toutes les épaisseurs en même temps. Plie la base.

5

Colle les ronds des yeux en les superposant. Colle les yeux, le bec, les pattes et les toupets sur la boule.

Selon la déco de ta chambre, transforme ce modèle en chat, en chien ou en poisson ! Et si tu ne trouves pas de boule de la couleur que tu souhaites, tu peux la recouvrir de petits morceaux de papier de soie.

Chats animés

Matériel • *Papier épais de différentes couleurs* • *ciseaux* • *feutres* • *colle* • *règle* •

1

Découpe une bande de papier de 9 x 21 cm. Sur les longueurs, trace des repères à 2, 10, 12 et 20 cm. Marque les plis avec la pointe d'une paire de ciseaux et une règle.

2

Sur la première face, dessine les yeux et la bouche. Découpe-les : commence par une fente en pliant légèrement le papier.

3

En suivant à peu près les hauteurs entre parenthèses, découpe le corps (4 cm), les oreilles (3 cm), la langue (3 cm) et le museau.

4

Mets la tête en forme. Replie la langue et colle-la sur le fond, en face de la bouche. Colle le côté de la tête, les oreilles et le museau.

5

Découpe une carte de 11 x 15 cm dans une feuille pliée en deux. Colle le corps, puis la tête au ras de la pliure. Marque un pli à 2 cm de la pliure et colle le côté de la tête. Dessine des moustaches, des narines, puis trois pupilles en aplatissant la tête à droite puis à gauche.

Sur le même principe, réalise des cartes de différentes tailles.
Ajoute une bulle pour écrire un message.
Pour gagner du temps pour la tête, tu peux aussi recouvrir une petite boîte en carton dont tu auras recoupé les languettes.

Oiseaux de Paradis

Matériel ***• feuilles de papier de couleur • papier fantaisie à motifs de ronds ou feutres • ciseaux • colle • crayon • trombones • règle •***

1

Plie une feuille et reporte le patron en le plaçant bien sur la pliure. Découpe-le. Dans la hauteur d'une feuille A4, tu peux placer deux oiseaux.

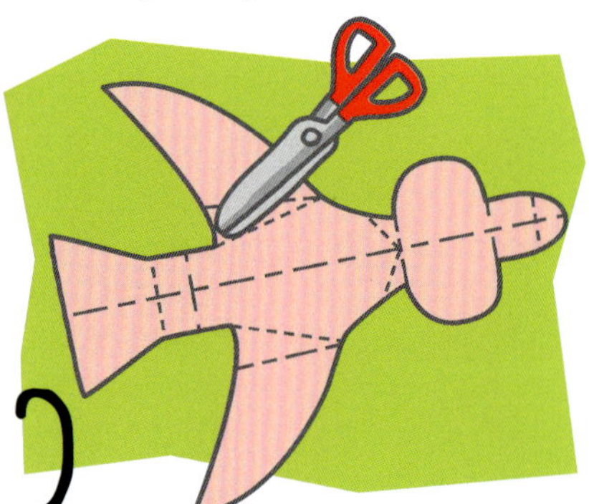

2

Marque les plis aux endroits indiqués sur le patron avec la pointe d'une paire de ciseaux.

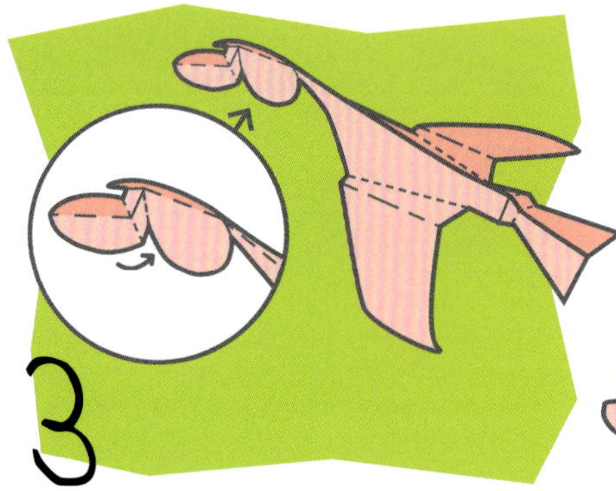

3

Plie le bec, la queue et les ailes en formant un accordéon. Courbe le cou. Aide-toi des légendes du patron pour plier dans le bon sens.

4

Découpe des bandes et des franges. Fais les boucler en les glissant sur une lame des ciseaux ou en les enroulant autour d'un crayon.

Les patrons se trouvent au début du livre.

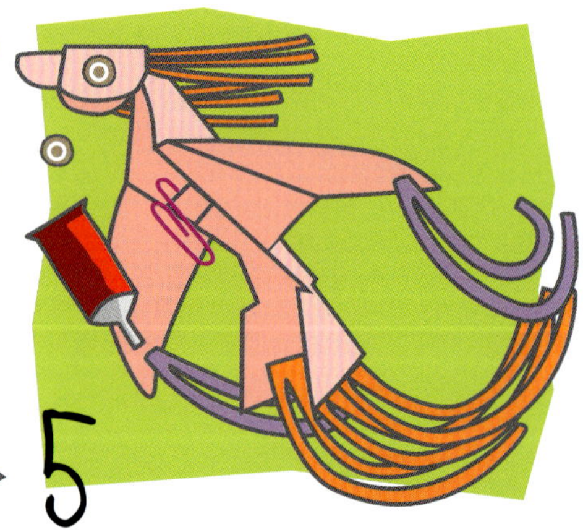

5

Colle les bandes et les franges derrière la tête, au bout des ailes et de la queue. Sous le corps, fixe un trombone légèrement déplié avec une bande de papier. Ajoute des yeux découpés dans du papier à motifs ou dessine-les.

Fais plein d'oiseaux pour décorer ta chambre ! Avec leur trombone, tu pourras les accrocher partout.

Manchot-culbuto

Matériel ***• rouleau de papier-toilette • rouleau fin en carton (rouleau de protège-livres ou de papier cadeau) • 2 piles rondes usagées (type 1,5 V AA) • carton fin • • papier de différentes couleurs • scotch • colle • crayon • ciseaux • règle •***

1

Avec l'aide d'un adulte, découpe un tronçon de 6 cm dans chaque rouleau. Place-les debout sur du carton fin : éloigne-les pour obtenir une hauteur totale de 10 cm. Trace les contours, puis relie-les à la règle.

2

Découpe la forme en carton. Reporte-la sur un autre morceau de carton pour obtenir une seconde forme identique, puis deux fois sur du papier noir.

3

Scotche les piles dans le gros rouleau. Colle les rouleaux entre les deux formes en carton.

4

Découpe une bande de papier noir de la largeur du culbuto et de 26 cm de longueur. Colle-la en enveloppant les rouleaux. Recouvre les côtés. Découpe le ventre, les yeux, le bec, les ailes. Colle-les.

Pour créer un décor polaire, recouvre des boîtes de biscottes et de céréales de papier. Découpes-en une en forme d'iceberg avant de l'habiller de papier.

Famille Tortue

Matériel • ***boîtes d'allumettes • papiers dans les tons de vert et marron •***
• yeux mobiles • crayon • ciseaux • colle • feutre • peinture • pinceau• compas •

26

1

Peins l'extérieur d'une grosse boîte d'allumettes et les bords de son tiroir en marron. Laisse sécher.

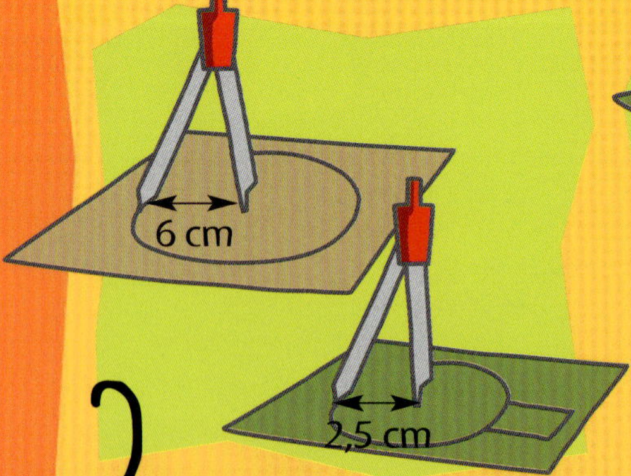

2

Trace un cercle de 6 cm de rayon pour la carapace et un autre de 2,5 cm muni d'une languette pour la tête.

3

Trace un trait en partant du centre de chaque rond. Découpe. Superpose légèrement les bords de chaque fente et colle-les.

4

Découpe des petits ronds. Colle-les sur un second papier en les espaçant. Découpe des ronds plus larges et colle-les sur la carapace.

Les patrons se trouvent au début du livre.

5

Reporte le patron des pattes et de la queue. Découpe-les. Colle la languette de la tête et la queue sous le tiroir, les pattes de chaque côté de la boîte et la carapace sur le dessus. Colle les yeux et dessine les narines.

Réalise le bébé de la même manière à partir d'une petite boîte d'allumettes. La carapace mesure 3,5 cm de rayon et la tête 1,5 cm.

Serpent... et crocodile

Matériel • ***feuilles de couleur 24 x 32 cm • papier blanc • colle • crayon • feutres • • règle • ciseaux • perforatrice • aiguille à laine •***

Serpent

1

Mesure et découpe une grande bande de papier de 15 x 32 cm. Découpe des fentes face à face, d'abord à 7 cm pour la tête, puis ensuite tous les 5 cm.

2

Sans toucher aux deux premières bandes de chaque côté, recoupe progressivement les autres.

3

Dessine des écailles au feutre sauf sur la tête.

4

Colle les bandes en vis-à-vis pour former les anneaux. Découpe la bouche, perce des trous pour les narines et ajoute des yeux en papier.

Reporte-toi aux croquis de la fin du livre.

Crocodile

Reporte les indications du croquis sur une feuille. Découpe et plie selon les différentes lignes en pointillés. Trace les écailles à la règle. Mets le crocodile en volume en collant les languettes. Ajoute des pattes, des yeux et des dents.

Pour transformer ton animal en marionnette, perce un trou sur la tête et un autre sur la queue avec une aiguille à laine. Noue des ficelles. Attache un petit bâton à chaque extrémité.

Gorille tapageur

Matériel • *pot de yaourt en carton • papier épais rose et noir • peinture noire •*
• pinceau • 40 cm de ficelle • 2 grosses perles en bois • 15 cm de tube fin en carton •
• crayons de couleur ou feutres • ciseaux •

Les patrons se trouvent à la fin du livre.

1

Pose le pot de yaourt à l'envers et peins le fond en noir. Laisse sécher.

2

Encolle le tour du pot et recouvre-le d'un morceau de papier noir. Laisse sécher. Découpe ce qui dépasse, en conservant une languette. Colle-la.

3

Demande à un adulte de t'aider à percer deux trous en vis-à-vis à 2 cm du haut du corps. Enfiles-y la ficelle. Attache les perles aux extrémités.

4

Équilibre la longueur des bras et bloque-les par un nœud de chaque côté du corps. Colle le tube à l'intérieur du pot, contre le bord.

5

À l'aide des patrons, découpe la tête et les pattes dans du papier noir, et le visage, les oreilles, le torse et les mains dans du papier rose. Assemble-les au corps. Ajoute les détails au crayon.

Pour éviter que le tube ne se décolle, renforce l'assemblage avec du scotch épais. Il ne te reste plus qu'à agiter ton singe pour que les perles fassent du bruit en tapant dessus !

Bagarre dans la savane

Matériel • ***rouleaux de papier-toilette • boîte de céréales ou de biscottes • • papier vert et marron • peinture • pinceaux • ciseaux • colle • crayon • feutres •***

1

Découpe une moitié de rouleau pour le corps. Trace une ligne. De chaque côté, dessine des pattes et une queue. Découpe en suivant les traits.

2

Choisis un animal et découpe le patron de sa tête. Reporte la tête sur un autre morceau de rouleau. Pour l'éléphant, découpe également deux défenses.

3

Peins la tête et le corps. Utilise une couleur plus foncée pour le dessous. Laisse sécher. Colle les différentes parties de l'animal. Dessine les détails au feutre.

4

Peins une des grandes surfaces de la boîte en jaune. Laisse sécher.

Les patrons se trouvent à la fin du livre.

5

Recouvre les bords de papier marron. Par-dessus, colle une frise d'herbe découpée dans du papier vert. Découpe des troncs et des feuilles de palmiers, assemble-les puis colle-les derrière le décor.

Chaque joueur pose son animal au centre de la « savane ». Au top départ, chacun tambourine avec un ou deux doigts sur le dessus de la boîte jusqu'à faire tomber les animaux adverses. Le dernier animal sur la boîte a gagné !

Toise girafe

Matériel ***• boîte ayant contenu un flacon (sirop, produit pour lentilles de contact…) • • photocopies d'un mètre-ruban • 4 boules de cotillon • papier jaune (50 x 65 cm) et marron (24 x 32 cm) • tourillon de 8 mm de diamètre et de la largeur de la boîte plus 2 cm • colle • ciseaux • scotch • punaises • cutter (adulte) • peinture • pinceaux •***

1

Trace un trait tout autour à 12 cm du bas de la boîte. Dessine une languette sur une face, puis une oreille de chaque côté. Découpe.

2

Recouvre la tête de papier jaune : fais-le dépasser et recoupe-le ensuite. De chaque côté, perce un trou à 3 cm du bord, en le centrant. Découpe une fente au-dessous.

3

Peins les boules de cotillon. Colle les détails de la tête. Pour les cornes, enroule deux rectangles de papier (5 x 3 cm). Perce 2 trous sur la languette.

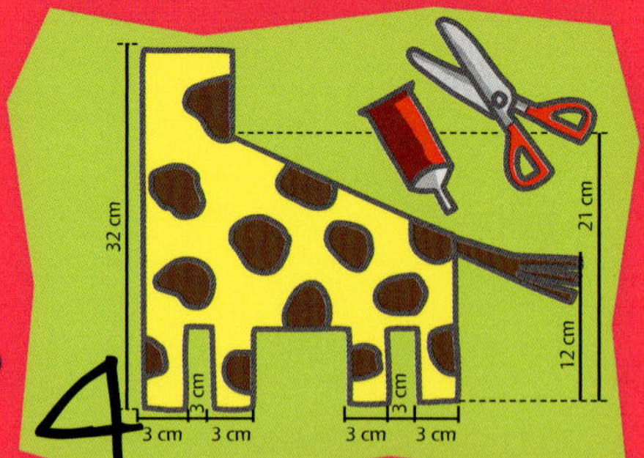

4

Découpe le corps selon le dessin en adaptant la largeur du cou à celle de la fente. Ajoute les détails.

Pour cette réalisation un peu plus longue, et surtout pour les découpes, fais-toi aider par un adulte.

5

Rallonge le cou de 1,30 m environ en scotchant plusieurs bandes. Colle le mètre photocopié en commençant à 32 cm. Glisse le tourillon dans les trous. Passe le haut du cou dans la fente, puis colle-le en l'enroulant autour du tourillon.

Après séchage, rembobine le cou dans la boîte en tournant le tourillon. Punaise le bas du corps au bas d'un mur, les pattes au sol. Pour mesurer quelqu'un, déroule la bande du cou jusqu'à ce que le menton de la girafe touche le haut de sa tête et punaise la languette au mur.

Table des matières

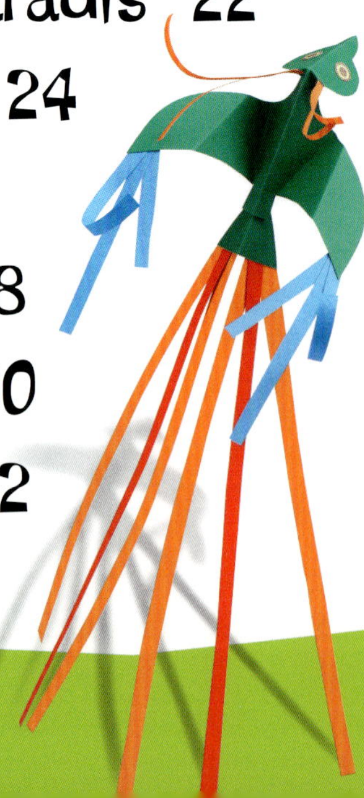

Tu aimes bricoler ?
Tu trouveras d'autres idées dans les livres des Éditions Fleurus

Collection Les Petits Créateurs

Pâte à sel
Papier
Argile
Bricolo-récup
Pâques
Noël
Mosaïques
Flocons de maïs
Petits bijoux
Rouleaux et carton
Pompons
Masques
Animaux rigolos
Maquillages
Papier et carton
Premiers origami
Les petits créateurs bricolent
Les petits créateurs s'amusent

Collection Les bricolous (livres-kits)

Scoubidous rigolos
Animaux en ballons
Bracelets brésiliens
Scoubidous brillants
Défis magiques
Jolis grigris
Origami facile
Mes petits messages
Farces et blagues
Détectives de choc
Illusions d'optique
Phospho folies
Origami mode

Collection Fleurus Fabric'

Le manuel des maternelles
Les bricolages des 6-10 ans
Les activités d'éveil des tout-petits
Fêtes d'enfants et anniversaires

Serpent...et crocodile

pages 28-29

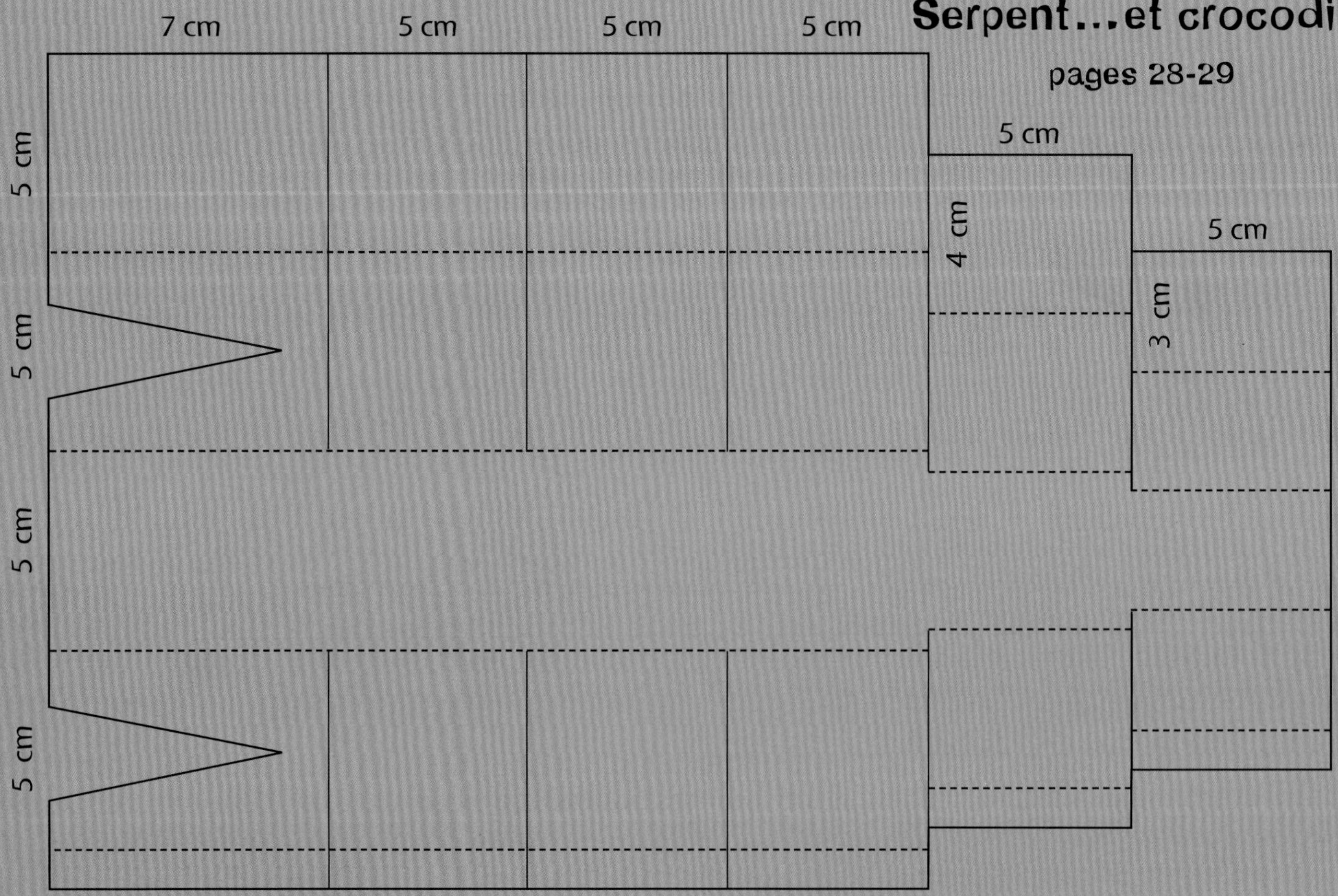